岩城 勝
IWAKI Masaru

子どもが危ない！

Children are
in Danger!

文芸社

イラスト　坂道なつ

● はじめに ●

　私がこの本を出版しようとしたきっかけは、私の子どもが2歳の時の出来事。子どもにプラムを与えたところ、苦しそうな表情になりました。プラムの種がのどに詰まってしまったのです。何とかのみ込みましたが、のみ込めなかったらと思うと今でもぞっとします。当時の私は、まさか子どもがプラムを種ごとのみ込むとは思わず、与えてしまいました。

　この出来事から子どもの事故に関心を持つようになり、子どもの事故のデータを集めてきました。ミニトマトやブドウや豆の一粒でも、子どものどに詰まって死亡する事故が起きています。

　子どもの死因はこういった不慮の事故が上位です。

　これから子育てをする人を始め、多くの人たちが、あらかじめ事故につながる危険な場面を知ることで、事故を未然に防げればと思い、本書にまとめてみました。

　この本が子どもの事故を減らし、大切な子どもを守ることに役立てば幸いです。

CONTENTS

浴室

こんな危険が……

- 家の中で乳幼児の事故が多い場所。2歳頃までが特に注意。
- 浴槽への転落と滑って転倒の事故が多い。
- 水が入っている浴槽への転落は、わずかな時間でも溺死の危険性が高く、水深が浅くても事故は起きる。
- 浴槽で使う浮き輪での事故も多い。
- シャワーの熱湯でやけどすることもある。

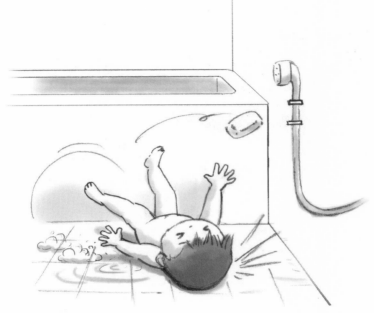

- 子どもの手が届かない位置に浴室ドアの鍵をつけ、使っていない時には鍵をかけておく。
- 洗い場に滑りにくいマットを敷く。
- 浴槽の底に滑り止めシールなどを貼る。
- 使用していない浴槽にはふたをしておく。
- 大人が一緒に入浴していても油断しない。
- 乳幼児用浮き輪を使う際も注意する。
- シャワーは大人が温度を確認してから使用する。

洗濯機／トイレ

- 洗濯機やトイレに頭からの転落。
- 洗濯機やトイレに水が入っていると溺死する危険性が高い。
- ドラム式洗濯機に子どもが閉じ込められて窒息死。

対　策

- 洗濯機のそばに踏み台になるようなものを置かない。
- 洗濯機を使用していない時は水を抜いておく。
- 子どもに洗濯機の中は危険なので絶対に入らないように言いきかせる。
- 洗濯機はチャイルドロック機能つき、特にドラム式は中からも開けられる安全対策が施されている製品を選ぶ。
- チャイルドロックを正しく使う。
- 一人でトイレが使えない年齢の場合、子どもの手が届かない位置にトイレドアの鍵をつけ、かけておく。
- 一人でトイレが使える場合でも、大人から見て安心できるまでは、ドアの近くで見守る。

ベランダ／窓

- ベランダや窓からの転落は、命にかかわる重大事故になることが多い。
- 年齢的には1～4歳が多い。
- 網戸、柵、パネルが外れて転落した例がある。

対　策

- ベランダや窓の外に子どもが出られないよう鍵をかけておく。
- ベランダや窓の近くには台になるようなものを置かない。
- ベランダにエアコンの室外機が置いてある場合、室外機には上れないようにしておく。
- ベランダの柵の桟が横方向の場合、足をかけやすく上れる可能性があるので、転落防止ネットを張るなどする。

階段／玄関

- 転落事故の中で階段での転落は上位。
- 低い階段でも危険。
- 子どもがハイハイをするようになったら危険。
- 階段での転落は頭部に打撲を負う危険性が高い。
- 玄関マットで滑って転ぶ、玄関の段差に落ちるケースもある。
- 階段につけた転落予防柵のロックを忘れて転落した例もある。

対　策

- 転落予防の柵を階段の上と下につける（階段を上っていけないようにする）。
- 転落予防柵のロックは必ずする（自動ロックの製品では確認をする）。
- 玄関マットの裏側に滑り止めをつける。

テーブル/机/イス

こんな危険が……

- 1～2歳児は転びやすいため、テーブル・机などに衝突することが多い。
- テーブル、机、椅子に上れるようになると転落、転倒事故が起きる。

対　策

- テーブル・机の角など、子どもの頭や顔がぶつかりや
  すい所にはクッション材をつけておく。
- テーブルや机、椅子の上に上らないよう言いきかせる。

ベッド／ソファー

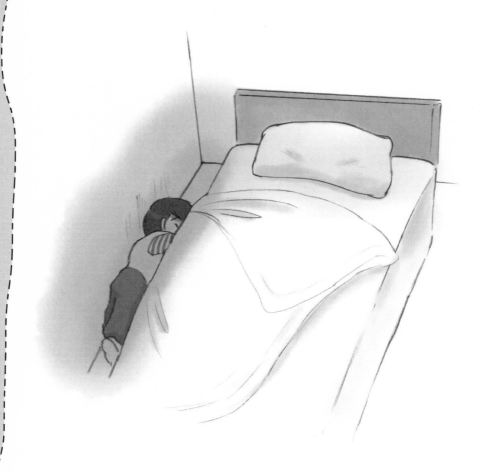

- 大人用のベッドに寝かせておいて、床に転落、または壁や転落予防の柵との間に挟まれる。
- 一人座りができない子どもをソファーに座らせておいて転落。
- ベッドやソファーの上で遊んでいてバランスを崩し転倒。

対　策

- 小さな子どもは大人用のベッドやソファーに寝かさず、ベビーベッドに寝かす。
- ベッドと壁や柵の間に挟まれないように「つめもの」をしておく。
- ベッドやソファーの上では遊ばせない。
- ベッドやソファーの周りは転落に備え、弾力性のある敷物にしておく。

枕／布団／就寝時

こんな危険が……

- うつ伏せ寝で枕、布団などでの窒息。
- よだれかけでも窒息した例がある。
- 添い寝していた人の体の一部が子どもの鼻や口を塞ぎ窒息。

18

対　策

- うつ伏せ寝をしていないか注意して見守る。
- 子ども用の寝具を使う。特に大人用の枕は頭が深く沈み、横向きでも窒息の危険があるので使用しない。
- 添い寝する場合、子どもの鼻や口を塞ぐ危険がないような形で寝る。

落下物/家具の転倒

- 棚などに置いてあるものが落下して子どもにあたると、たとえ小さな落下物でも大きなダメージを受けることがある。
- タンスの引き出しに足をかけて上り、タンスが倒れて下敷きになった事故が起きている。

対　策

- 子どもを寝かせる場所は落下物の恐れがない所を選ぶ。
- 棚の上に置いてある物は落下しないよう固定しておく。
- 家具やテレビなどは倒れないように固定しておく。
- 家具で遊ばないよう言いきかせる。

カーテン/ブラインド

こんな危険が……

- 子どもの首にカーテンのタッセル（留めひも）、ブラインド、スクリーンなどのひもが巻きついての窒息。短時間で死亡事故に直結する危険性が高い。

対　策

- カーテン、ブラインド、スクリーンなどのひもは、子どもの手が届かないようにしておく。
- 先端は輪にしておかない。
- ひもの留め具は負荷がかかると外れる用品を使用する。

ピアノ／折り畳み式の
イス・テーブル

こんな危険が……

- ピアノのふたで手を挟まれる。
- 折り畳み式のイスやテーブルを開閉する時に指を挟む と切断事故にもつながる。

対　策

- ピアノのふたがゆっくりしまる器具を取りつけておく。
- ピアノに鍵をかけておく。
- 折り畳み式のイスやテーブルなどを開閉する時は必ず 大人がする。

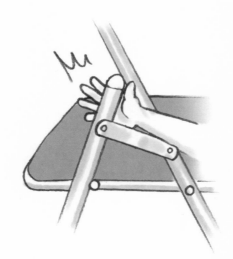

刃物類

こんな危険が……

- 小さな子どもは刃物の危険を知らず、直接さわったり、握ってしまうことがある。

対　策

- 包丁、ハサミ、カミソリ、カッターナイフなど、刃物類は子どもの手の届かない所に保管する。
- 刃物類の危険性を子どもに教える。

ヤカン／鍋

こんな危険が……

- やけどで救急搬送される子どもは多い。
- 子どもは体の表面積が少ないので、熱湯の入ったヤカン、鍋などによるやけどは大きな傷害となる。
- やけどの重症度によっては跡が残ったりもする。

対　策

- 熱湯の入ったヤカン、鍋などがある場所に、子どもを近づかせない。
- 熱い調理器具を子どもがさわらないよう注意する。
- 鍋やフライパンなどの取っ手は、子どもの体が触れない方向に向けておく。
- キッチンに子どもが入れないよう柵などをつける。

炊飯器/電気ポット/
電気ケトル/魔法瓶/
ウォーターサーバー

こんな危険が……

- 炊飯器を低い所に置いてある場合、噴き出している蒸気に触れてやけど。
- 電気ポット、電気ケトル、魔法瓶などを転倒させてやけど。

対 策

- 炊飯器、電気ポット、電気ケトル、魔法瓶などの置き場所には気を付ける。
- 電気ポットは蒸気が出ない、倒れてもこぼれないなど、安全に配慮された製品を使う。
- 電源コードは人の通らない位置に這わせる。
- ウォーターサーバーの熱湯にも注意する。チャイルドロック機能のあるサーバーは必ずロックをする。

アイロン/ストーブ/
ヘアアイロン

こんな危険が……

- 熱をもったアイロン、ヘアアイロン、ストーブなどは
さわると瞬時にやけどする。
- ストーブに子どもが紙を差し込み、ボヤになった例も
ある。

対　策

- アイロンやヘアアイロンは子どもの手の届かない所に
置く。
- ストーブガードをつける。
- ストーブの上にヤカンや鍋をかける場合、絶対に子ど
もから目を離さない。

湯たんぽ／電気あんか／加湿器／ホットカーペット

こんな危険が……

- 湯たんぽなどによるやけどは毎年起きている。
- 低温でも長時間肌に接触していることで起きる「低温やけど」の件数も多い。低温やけどは皮膚の深いところまで影響を与える。重症化すると治るまでに時間がかかる。
- やけどの傷跡は後々まで残ってしまうことが多い。
- スチーム式加湿器の蒸気やタンクの熱湯に触れてやけど。

対　策

- 湯たんぽに損傷がないか、湯たんぽの栓が完全に閉まっているか確認する。
- 湯たんぽには厚いカバーをかける。
- カバーがかかった湯たんぽや電気あんかでも体に直接触れないようにし、寝具が温まったら取り出す。
- 子どもを直接ホットカーペットの上に寝かせない。
- 熱湯にならない超音波式、気化式などの加湿器を使う。
- 加湿器のコードをひっかけて加湿器の中の熱湯がかからないよう、コードの配線にも気を付ける。

扇風機

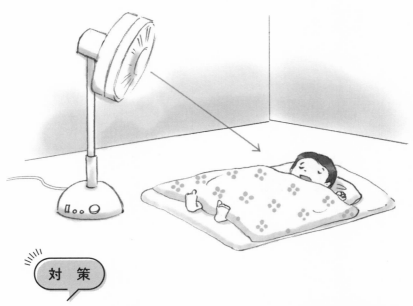

こんな危険が……

- 扇風機に指を入れて怪我。
- 扇風機の風にあたり続けて体温低下。

対 策

- 子どもの指が入らないメッシュガードの扇風機を使う。また は指が入らないカバーをつける。
- 子どもが手を触れると止まる扇風機、または羽根なし 扇風機を選ぶ。
- 子どもに扇風機の風が直接あたり続けないよう注意す る。

火災

- 子どもの火遊びはライターを使うケースが多い。
- 火遊びによる火災が多数発生している。
- ガステーブルも火災の原因となっている。
- 着衣に引火したりすると死亡事故にもつながる。

対　策

- ライターやマッチは子どもの手の届かない所に保管する。
- 子どもが簡単に着火できないライターを使う。
- 鍋料理などで卓上ガスコンロを使う場合、子どもには絶対さわらないように言っておく。
- 子どもに火災の怖さを教える。
- 幼い子どもだけを残して外出しない。

コンセント

こんな危険が……

・コンセントに金属類を差し込んでの感電。

対　策

・コンセントキャップ、コンセントカバー、コンセント
　ガードなどをつける（コンセントキャップは安価だが、
　外れる恐れもあるので注意）。
・差し込めそうな金属類（クリップ、ヘアピン、安全ピ
　ンなど）を子どもの手の届く所には置かない。
・子どもが少し大きくなったら感電の危険性を教える。
　例　「ここに差し込
　　　んだり、さわっ
　　　たりするとビ
　　　ビッとなるから
　　　危ないよ」

バースデーケーキの
キャンドル／
クラッカー

こんな危険が……

- バースデーケーキのキャンドルの火を吹き消そうとして髪の毛に燃え移る。
- クラッカーから出た細い紙テープがキャンドルの火にふれて燃え上がる。

- キャンドルの火に髪の毛や着衣が触れないように注意する。
- クラッカーを発射する時は火の気のある所でやらない。人に向けて発射しない。耳の近くで鳴らさない。

ポリ袋／ビニール袋

- ポリ袋やビニール袋をかぶったり、口に入れたりして窒息。

- ポリ袋やビニール袋は子どもが取り出せない所に保管する。
- 子どもがふざけてかぶったりした時は、非常に危険だということを教える。

誤飲

こんな危険が……

- 乾燥剤、化粧品、たばこ、医薬品、防虫剤、殺虫剤、洗剤、硬貨、ボタン電池、ペットボトルのふたなど、子どもは何でも口に入れる可能性がある。
- 磁石のついたものをのみ込むと磁石で腸が挟まれて穴が開いてしまうこともある。
- 特にボタン電池の誤飲件数は多い。のみ込むと体内で化学反応を起こし、短時間で消化器官の組織が傷つくこともある。死亡事故につながる恐れもある。

対 策

- 医薬品は厳重に保管する。
- 口に入れる可能性があるものは子どもの手の届かない所に置く。
- ボタン電池を使っている機器は、機器からボタン電池を取り出す可能性もあるので、子どもの手の届かない所に置く。

▼たばこ誤飲事故専用電話
　072-726-9922（情報提供料：無料）
　→365日24時間対応、自動音声応答による一般向け

▼日本中毒情報センター（一般専用）
　→乾燥剤、化粧品、たばこ、医薬品、殺虫剤、フグ、マムシ咬傷、きのこ、硫化水素、化学薬品など、化学物質や動植物の毒などによって起こる急性中毒について、実際に事故が発生している場合に限定して情報提供（詳細はホームページの中毒110番参照）。
　　大阪中毒110番（24時間対応）　　072-727-2499
　　つくば中毒110番（9〜21時対応）　029-852-9999

食べ物や異物に
よる窒息

こんな危険が……

- 豆類、菓子類、果物やその種、小さな野菜、ゼリー類、団子類、硬い肉、魚の骨等々、ひと口で入る大きさの食べ物は窒息したり、気管に入って肺炎になる可能性がある。また、窒息死した例もある。
- 水分の少ないものはのどに詰まる可能性が高い。
- おもちゃやその部品、スーパーボールなどをのみ込む例もある。

対策

- 窒息は寸秒を争う応急処置が必要。すぐ対応できるよう、背部叩打法などの講習会に参加しておくと安心。
- 子どもには正しい姿勢で、よく噛んで食べるようにさせる。
- 一口サイズの食品は半分、またはより小さく切って食べさせる。
- 子どもが口に入れると危険なおもちゃは与えない。

※消費者庁は窒息や誤嚥を防ぐため、硬い豆やナッツ類などは5歳以下の子どもには食べさせないよう呼びかけている（令和3年1月20日）。

お茶/コーヒー/
カップ麺

こんな危険が……

- 0〜5歳のやけどで多い原因は、味噌汁、スープ、お茶、コーヒーなど熱い液体。
- 子どもがテーブルクロスやランチョンマット、テーブルランナーを引っ張って茶碗やカップを倒し、やけど。

対　策

- 熱湯が入っている茶碗、マグカップ、カップ麺などの容器は、倒れても子どもにかからない場所に置く。
- 子どもが小さいうちは、テーブルクロスなどを使わない。

電子レンジで
温めた食品

こんな危険が……

- 電子レンジで温めた食品は表面が熱くなくても中身が熱い場合があり、口の中をやけど。
- あんまん、チーズまんなど、特に注意（熱くて吐き出そうとしても口の中に張りついて吐き出せないことがあるため）。

対　策

- 電子レンジで温めた食品を子どもに与える場合、中身が適温か確認してから与える。
- 熱いものが口の中に入って吐き出せない場合、すぐに水を与えて口の中を冷ます。

歯ブラシ／はし／フォーク／菓子の棒

こんな危険が……

- 歯ブラシ、はし、フォーク、棒のついている食べ物は、口に入れた状態で転倒、衝突したりすると、口内やのどに刺さり、重大事故になる。

対　策

- 歯ブラシ、はし、フォークなどを口に入れたままの状
態で歩かせない、遊ばせない。
- 強い力がかかると曲がる子ども用の歯ブラシを使用す
る。

ドア／ガラス

こんな危険が……

- ドアの枠や蝶番（ちょうつがい）部分で手を挟まれると骨折や指の切断事故に至る場合がある。
- 風でドアが閉まって挟まれた例もある。
- 自動ドアに駆け込んで衝突したり、挟まれる。
- 透明ガラスに気付かず衝突。
- 割れたガラスの破片で怪我。

対　策

- ドアを開閉する時、子どもの手がドアの枠や蝶番（ちょうつがい）部分に触れていないか確認して開閉する。
- 指挟み防止用のすき間カバーを取りつける。
- ドアが風で閉まる時があるので、風が吹いている時はドアを開けたままにしない。
- ドアがゆっくり閉まるドアクルーザーを取りつける。
- 自動ドアのスライド部分に手を触れさせない。
- 自動ドアは走って通過させない。小さな子どもは大人と一緒に通過する。
- 透明なガラスがある場合、ガラスとわかるようにシールなどを貼る。
- ガラスに飛散防止フィルムを貼る。

エスカレーター

こんな危険が……

- エスカレーターと壁の間に体が挟まれる。
- エスカレーターに衣服、履物、靴ひもが巻き込まれる。
- エスカレーターのベルト引き込み口部分に手を吸い込まれる。
- エスカレーターが急停止して転倒。

対策

- エスカレーターから身を乗り出させない。
- エスカレーターの黄色の線の上に乗せない。
- サンダルや長靴は巻き込まれやすいので気を付ける。
- 衣服や靴のひも、マフラーなどが挟まれないように気を付ける。
- エスカレーターでは緊急停止に備えて手すりをつかませる。
- ベビーカーはエスカレーターを使わずエレベーターを使う。
- 子どもがエスカレーターに乗っている時は目を離さない。また、エスカレーターの近くで遊ばせない。
- エスカレーターで事故が起きた場合は緊急停止ボタンを押す。

エレベーター

こんな危険が……

- エレベーターの扉に衣類、マフラー、ひもなどが挟まれる。
- エレベーターの扉が開いた時に手が戸袋に引き込まれる。

対　策

- エレベーターの扉の開閉時に、子どもの衣類、マフラー、ひもなどが挟まれないよう大人が注意する。
- エレベーターの扉に手を触れないようにさせる。
- エレベーターの扉には寄りかからないように言いきかせる。

抱っこひも

- 着脱時、止め具が外れたり、かがんだ時のすり抜けなどで、抱っこひもからの転落。
- 抱っこひもからの転落は大きな事故につながる危険性が高い。
- 子どもの顔が抱っこしている人の体に密着しすぎたり、抱っこひもの締めすぎで、子どもを窒息させる危険性がある。

対　策

- 子どもが転落する危険もあることを認識する。
- 着脱時は子どもを手で支えながら安全な場所で行う。
- 抱っこしたまま前にかがむ時は子どもを手で支える。
- 子どもの様子をこまめに見る。
- ひもの締めすぎ、緩めすぎにも注意する。

ベビーカー

- ハンドル部分に荷物をかけすぎてベビーカー自体が転倒。
- 坂道などでベビーカーがひとりでに動いての事故。
- 駅のホームから線路に転落したり、車両のドアに挟まれる。
- 折り畳み部分で手指を挟まれる。
- ベビーカーの中で熱中症になる。

対　策

- ハンドル部分に重い荷物をかけない。
- 停車中はストッパーを必ずかける。
- 子どもに安全ベルトを締める。またはよく確認する。
- 折り畳む時には子どもの手などが挟まっていないか確認する。
- ベビーカーの中が熱くなっていないか注意する。
- ベビーカーでエスカレーターに乗らない。
- 子どもにベビーカーを操作させない。

子ども乗せ自転車

こんな危険が……

- 子どもを乗せたままの状態で自転車が倒れる。
- 自転車ごと倒れると、子どもは頭部を打撲するケースが多く、重大な事故につながる。
- 濡れている路面やマンホールのふたなど、滑りやすい所で急ハンドルを切って転倒。
- 段差で転倒。
- 車輪に足を挟まれる。

対　策

- 子どもを乗せたままにして自転車から離れない。
- 前ハンドルが固定できるタイプの自転車は固定する。
- 濡れている路面、滑りやすい所で急ハンドルを切らない。
- 段差のある所を走行する時は自転車から降りる。
- 車輪に巻き込み防止ガードをつける。
- 子どもには必ずヘルメットを着用させる。
- チャイルドシートのシートベルトを必ず締める。

おむつ交換台／
ショッピングカート

こんな危険が……

- 商業施設や公共施設のトイレなどにある「おむつ交換台」での乳幼児の転落。寝返りができるようになってからつかまり立ちを始めるまでの乳幼児が転落するケースが多い。保護者がごみ箱におむつを捨てる数秒間に、おむつ交換台から転落した例もある。
- ショッピングカートからの転落。
- どちらの転落も頭部を怪我することが多い。

対　策

- おむつ交換台を使用する際は子どもをベルトで固定する。ベルトをしていてもすり抜けた例もあるので、ベルトはよく確認をする。
- ショッピングカートの座席以外の場所には座らせない。上に立ったり、身を乗り出させない。
- ショッピングカートに安全ベルトがついている場合は必ず安全ベルトをする。

遊具

こんな危険が……

- 滑り台、ブランコ、鉄棒、雲梯など、高さがある遊具からの転落、または衝突。
- 滑り台に衣服が引っかかって首を絞められ死亡した事故も起きている。
- 太陽で熱せられた滑り台やブランコなどの金属部分にさわってのやけど。
- トランポリンなどの跳ねる遊具での衝突、落下。

- 遊具に慣れていない幼児には保護者が付き添う。
- 遊具に引っかかる可能性がある、ひもやフードがついていない服装で遊ばせる。
- 動いているブランコに近づかせない。
- 滑り台などの金属部分が太陽の熱で熱くなっていないか、大人が確認する。
- トランポリンなどの周囲に緩衝材を敷く。また、子どもが無茶な遊び方をしていないか大人が見守る。

服装

こんな危険が……

- 衣服についている、ひもやフード、マフラーなどはエレベーターの扉、遊具、ドアノブ、自転車の車輪、車両のドアなどに引っかかる恐れがあり、首を絞められると重大事故になる。
- 靴下、タイツはフローリングで滑りやすい。

72

対　策

- 子ども服はファッション性だけでなく安全性も考える。
- 公園で遊ぶ時などは、ひもやフードなしなど、物に引っかかる恐れのない簡素な服装にする。
- ひもがある場合は抜けやすいように結び目をなくす。
- マフラーをしている場合は大人が気を付ける。

自転車

- 自転車に乗れるようになってもまだ慣れていない時には、下り坂でスピードが制御できず、衝突や転倒することが多い。
- 幼児用のペダルなし二輪車の事故も増えている。

対　策

- 子どもが一人乗りするようになっても、スピードを制御できるようになるまでは大人が脇で付き添う。
- 幼児がペダルなしの自転車に乗っている場合、大人が脇で付き添う。
- ヘルメットを必ず着用させる。
- ペダルなし二輪車で公道は走らない。

肩車

こんな危険が……

- バランスを崩して転倒したり、子どもが木の枝にぶつかる事故もある。

対　策

- 肩車は危険が伴うことを充分意識する。
- 肩車をしている時は子どもの頭の位置を意識する。
- 肩車をしている時は足下にも気を付ける。
- コンクリートの床やアスファルトの道路のような、下が固い所では肩車をしない。
- 子どもを肩に乗せる時、降ろす時に、バランスを崩さないように気を付ける。

自動車

こんな危険が……

- 子どもは身長が低いため、運転者の死角に隠れてひかれる事故が多い。
- ドアや窓の開閉時に手や体を挟まれる。
- 走行中に子どもがドアを開けてしまって転落。
- 降車時、後ろから来た自転車、バイク、車などと衝突。
- 衝突した際に開いたエアバッグで、助手席に乗っていた子どもが圧迫されて死亡した事故例がある。
- 車の窓から体を出していて物と衝突。
- 暑い車内で熱中症。

- 自動車の発進時には周囲に子どもがいないか確認して
  発進する。
- ドアや窓の開閉時には体が挟まれていないか確認する。
  風や坂道でドアが不意に閉まることもあるので、大人
  が気を付ける。
- 走行中はドアロックをかける。
- 降車する際、必ず運転者が前後の安全を確認する。ま
  たは大人が外から開けて子どもを降ろす。
- チャイルドシートの設置は後部座席が原則。やむなく
  助手席に設置する場合は座席を最後部まで下げる。
- 車外に子どもの体を出させない。
- 暑い日に子どもだけ車内に残さない。

交通事故

- 登下校中、自宅付近、交差点などでの、飛び出しによる事故が多い。
- 小学生の中では１年生の交通事故が多い。

対　策

- 小学校入学前に通学路の危険な場所、登下校方法などを教えておく。
- 子どもは身長が低くドライバーが認識しづらいので、横断歩道を渡る際には必ず手を挙げて渡るようにさせる。
- 道路には絶対に飛び出さない、道路を横断する場合は必ず左右の安全確認をする、交差点で信号待ちをしている時は前に出過ぎないなど、正しい交通ルールを子どもに教える。
- ドライバーが認識しやすい色の服装にする。
- ランドセルや帽子などに反射板をつける。
- 幼児だけで交通量の多い道路を歩かせない。

花火

こんな危険が……

- 花火の火が衣類に燃え移ってやけど。
- 線香花火の火球が足に落ちてやけど。
- 筒花火に点火したか確認しようとして、筒をのぞき込んだ途端、火が噴き出し負傷。

対　策

- 花火の点火は大人がする。
- 幼い子どもが花火をする場合は大人が見守る。
- 花火は人の方向へ向けさせない。
- 線香花火の火球が足に落ちないよう気を付ける。
- 打ち上げ花火の噴出口は絶対にのぞき込ませない。
- 花火をする時は着火しやすい衣服を避ける。

キャンプ／
バーベキュー

- 日常とは違う環境なので、転倒、転落、迷子、害虫に刺されるなど、多くの危険が潜む。
- バーベキューなど火を使った際のやけど。
- 炭がはぜて（跳ねて）飛び散った破片が目や肌にあたる。
- 着火剤の間違った使用方法による重大なやけど。

対　策

- 子どもの行動を常に見守る。
- バーベキューのコンロは簡単に倒れないようにしておく。
- 熱い金串や鉄部などは子どもがさわらないよう気を付ける。
- 湿った炭は閉じ込められていた水分が膨張してはぜる危険が高いので、充分乾燥している炭を使用する。
- コンロの近くで遊ばせない。
- 肌の露出が少ない服装にする。
- 火が燃え移りやすい服装は避ける。
- 着火剤は使用説明書をよく読み、取り扱いに充分気を付ける。

海／川／湖沼／プール

- 毎年、海、川、湖沼、プールなどでの水難事故が多発している（14歳以下の不慮の事故のうち、水難事故の占める割合が多い）。
- 海や川で流される。
- 浮き輪が外れて溺れる。
- 飛び込んで頭部を強打。
- 滑りやすい所で転倒。
- プールの排水口に吸い込まれる。
- 直射日光に長時間あたって日焼け（やけど状態）。

対　策

- 溺れは死亡事故に直結するので最大限の注意が必要。
- 子どもが水遊びをしている時は保護者が付き添って目を離さない（大人と一緒でも事故が起きている）。
- ビニールプールでも油断しない。
- ライフジャケットを場所に応じて活用する。
- 水深の浅い所で飛び込みはさせない。
- 長時間、直射日光にあたらないようにする。日焼け止めクリームを塗る場合、子どもに適したものを選んで使う。

帰省時

- 帰省時は自宅とは全く環境が変わるため、事故が起きる危険性が高い。
- 帰省先の階段などでの転落。
- 祖父母がのんでいる薬の誤飲。
- 帰省時に身内が運転する車にひかれてしまった事故例もある。

対　策

- 帰省時には屋内、屋外とも環境が変わるので、すべてにおいて細心の注意が必要。
- 子どもから目を離さない。
- 危険なものは子どもの手の届かない所に移してもらう。

ペット

こんな危険が……

- 愛犬に乳児がかまれての死亡例もある。
- 猫にひっかかれて傷を負う。
- 犬が餌を食べている時に手を出してかまれる。
- 動物から菌やウイルスに感染。

- 子どもが小さいうちは、ペットを放し飼いにしない。
- ペットにかまれたり、ひっかかれたりしないよう、子どもが寝る際にはベビーベッドで、起きている時はサークルなどでお互いの距離を保つ。
- ペットが餌を食べている時に手を出さないよう教える。
- ペットとの付き合い方をきちんと教える。

思い込み

• 夫婦でお互いに相手が子どもを見ていると思い込み、実際には子どもが一人で、階段を上ったり、窓ワクに手をかけたりしていた例がある。

対　策

• 子どもを「誰」が見ているか確認し合う。
• 家事分担の際、子どものことも事前に話し合っておく。

● あとがき ●

　私はヨチヨチ歩きしていた頃、熱い鉄の棒に触れて
すねにやけどを負いました。その跡は今も残っていま
す。

　そのような経験から私は子どもを育てる時、やけど
には細心の注意を払い、無事、やけどすることなく育
ちました。

　子どもの事故は爪楊枝1本、ボタン1個でも起こり
ます。

　子どもが危険にさらされる場面すべてをこの1冊で
網羅することは不可能です。そのため、本書では事故
の多い場面や危険性の高い場面を主に記しました。

　子育てをしていく過程では様々の危険な場面に遭遇
します。保護者の皆様は常に子どもの行動を見守り、
充分に注意して、子どもを事故から守って下さい。

　お子様の健やかな成長を心よりお祈りいたします。

著者プロフィール

岩城 勝（いわき　まさる）

千葉県出身。
会社員を55歳で早期退職。
その後、農林漁業の体験や体の不自由な方の介助、災害被災地支援などのボランティア活動に参加。
趣味：登山（日本百名山、マッターホルン登頂）、旅行（温泉、岬巡り）など。

子どもが危ない！

2021年8月15日　初版第1刷発行

著　者　　岩城 勝
発行者　　瓜谷 綱延
発行所　　株式会社文芸社
　　　　　〒160-0022　東京都新宿区新宿1－10－1
　　　　　　　　　　電話 03-5369-3060　（代表）
　　　　　　　　　　　　 03-5369-2299　（販売）

印刷所　　株式会社フクイン